우리동네사람들 문학선 · 021

월급봉투

2024년 11월 25일 인쇄
2024년 12월 02일 발행

글 손창완
펴낸이 한민규
펴낸곳 우리동네사람들
등록번호 제 2000-000002 호
주소 경기도 오산시 성호대로 89번길, 206호
전화 1577-5433
메일 woori1577@hanmail.net
홈페이지 woori1577.com

작가와 우리동네사람들의 서면동의 없는 무단 전제와 복제를 금합니다.
이 책은 평택문인협회 창작지원금 일부를 지원받아 제작되었습니다.

ISBN 979-11-990290-1-9

행복

따사로운 아침 햇살
아가의
영롱한 눈빛
꾸밈없는 웃음 속에
난 행복을 느낀답니다

슬플 때 같이 울어줄 수 있는 우정
다툼 뒤에 한 장의 편지와 손을 내미는
우리들의 수줍은 용기에서도
난 행복을 느낀답니다

무엇보다도 귀중한 것은
생활 속에 감추어진 성실함을 말해주는
어머니의 잔주름
난 그 속에서 행복을 느낀답니다

그리워하는 그대에게

화사한 미소
내 마음에 사랑 심어 주던
그대의 눈빛
그리워하며 깊어가는 오늘 밤
효성曉星 밝아오는 아침
이슬 맞으면서
그대가
내 품 안에 안기며
빈 가슴이 채워지고 있기에
당신을 위해
시인詩人이 되어
시詩 한 구절 읊습니다

하얀 꽃

하얀 눈이 내립니다
하얗게 뿌리는 꽃처럼
당신의 마음처럼 바람에 휘날리며
쌓이지 않고
녹아버리는 추억

유난히 밝은 하늘처럼
세찬 바람에 아랑곳 하지도 않은 채
멀리멀리 바라보이는 누리
그리움만 커가고
불러도 불러도 메아리는
울리지 않고

봄을 재촉하는 겨울비 맞으며
꽃샘추위도 잡아버리고
동장군도 깨버리고
주섬주섬 끼워 입은 속옷을
껍질 벗기듯 드러내는 하얀 꽃

창밖에 내리는 눈을 바라보며

첫눈이 오고 있어요
앞에 그 무엇이 있더라도
말없이 달려가
차가운 바람에 날려가듯
창밖에는 눈이 내리고 있어요
추억에 잠겨
마음에 희망 심어주던
그 소리 듣고 싶어
창공을 바라보며 펜을 들었어요

'소리 없이 눈물 흘리며
저 너머로 넘어가는 추억
그대와의 해후를 위해 기다리고 있겠노라'

하지만 기다려도 기다려도
그 시절은 두 번 다시 오지 않아
한 마리 철새가 되어 찾아가리라
그러면 그때는 내 마음을 받아주겠지요

진실

거친 바람이 불어오는 날
창밖을 외로이 쳐다보면서
지난날 그대의 슬픈 노래가
순정한 사랑의 노래라는 것을 알았노라
내 마음 그대가 알고
그대 맘 내가 알 듯
그대의 노래가 진실인 줄을 모른 채
삼백예순날 지나간 뒤에 알았노라

먼 그날의 애틋한 순정
다시 찾으려 헤매고 있는 줄 모른 채
그대의 노래가 실수였다고
그대와의 헤어짐을 영원히 후회하며
사랑의 진실이 먼 훗날 밝혀질 때까지
난 영원히 그대만을 기다리고 있을 거예요

가을 햇살

옛 임의
노랫소리가 들리는
낙엽 진 절벽

발목이 묶여
대책 없이 가슴으로
무너지는 가을 하늘

일어서야지
되돌아가야지
헛된 말만 되뇔 뿐

파고드는 목소리
흔들리는 저음

그날 위해 떠납니다
멀리멀리
명간으로 떠납니다
기다림 속에 만날 것을…

소리 없이 부는 바람이

소리 없이 바람이 불어오는 날이면 떠납니다
어디론가 정처 없이 끝까지 무작정 떠납니다
왜냐고 묻지 마세요
날 반겨주지 않으니, 그러나
명간冥間*에 가서 기다리고 있을 거요
지금은 말없이 떠나가지만
먼
훗
날
그대와 함께 한 쌍의 사랑새가 되어
훨훨
다정스럽게
속삭이며
친구처럼
연인처럼
해로할 것을 기약하면서

---

* 명간冥間 : 사람이 죽은 후에 영혼이 가서 산다는 세계.

경운기 짐칸 위에 누워
하늘 한 번 쳐다보고
진위뜰 한 번 쳐다보고
덜컹덜컹 흔들거리는 경운기 타고
너를 오늘 보낸다
오늘 너를 거둔다

오늘을 보낸다

뜨거운 태양을 밀짚모자 하나로 가리고
종일토록 콤바인을 운전한다
차곡차곡 쌓이는
순금의 알갱이들

황금빛 벼 이삭들이 일제히
고개 숙이고 도열한 들판
그날은 말 한마디 없이
콤바인으로 밀어 제꼈다

가냘픈 어깨를 들썩이며
목구멍으로 삼키던 괴로움
가슴은 새처럼 펄떡거려도
하루 일과 무사히 끝내고
안도의 한숨 쉬며
귀가하는 늦은 밤
요란스런 엔진 소리도 흥겹다

가을 향수

나는
탄현 오좌 고을에서
태어났음을 큰 울음으로 알렸다
하나, 둘
스물하고도 아홉 되던 해
어느 가을날에 찾은 한자골은
신을 부르는 향내 속에
알밤들이 옷을 벗고 있었고
단발머리 소녀가 손짓하던
탱자나무 그늘 속으로
낯선 그림자들도 서성이고 있었다
아낙들이 정담 나누던 우물터엔
낯익은 그리움이 철철 넘치고
노랗게 물든 사연들만
둥둥 떠다니고

가을

한 떨기 코스모스처럼
외로워 보이는 그대
주홍빛 피어오르는
가슴 속 오솔길에 떨어지는 꽃잎처럼
외로워 보이는 그대
붉게 달아오르는 두 볼

그대여!
슬퍼도 외로워도 하지 마세요
그대여 !
푸른 잎이
피어오르는 계절이면
다시 그대 곁으로 찾아오렵니다

친구

우두커니 홀로 앉아
너를 바라본다
지난날의 추억을 회상하며
나룻배 밑 너의 넋이
말없이 나를 바라보고 있는 듯하다
노을 지는 빛으로 너에게 말하노라
지난날의 정다웠던 추억을 회상하며
나룻배 위에 앉아 있다,
벗이여! 잔잔히 타오르는 파도처럼
편히 쉬고 싶은지
그래 나와 같이 편히 쉬자꾸나,
벗이여! 말없이 있다 가노라
하제에 다시 오리라
약속하며 가노니, 잘 있으라
사랑하는 벗이여!
편히 쉬고 있어라
내일 또 오리다

이것보다

더 슬픈 사연이 어디 있으리오

벗이여
대답 좀 해 봐요
네 목소리 듣고 싶노라
네 목소리 기다리며
오늘도
네가 잠자고 있는
잔잔한 물결을 보고 있노라

떨어지는 낙엽처럼 쓸쓸한 내 마음
내 곁에 그대가 있어주면
얼마나 좋을까
가는 세월 돌이킬 수 없어
홀로 남아
그 옛날 사랑의 속삭임
가슴에 젖어
일그러진 세월만 생각나는데
소리 없이 떠나버린 벗이여!
난 그대를 야속하다 했지요

그대여!
생각나는가?
지난날 학창시절 추억
새싹처럼 불장난하던 그 시절
그 시간이 엊그제 같은데
이별이라는 말도 못하고
그대와 대화도 나눌 수 없으니

낙엽의 속삭임

너와 나는 낙엽처럼
한 잎 두 잎 떨어지는 그 순간까지
마음속 사랑 이야기
서로 주고받지 못한
우리들 사이

영원히
떨어지지 않을 사이이건만
그때 시절의 그 순간은
그대와 나와의 순간

서로 사랑한다 말하지 못하고
그대와 나는 대화가 없었죠
영원히 잊지 못할 그대여!
영원히 그대만을 사랑하는데…

부부

그대 아름다운 모습에
난 반했습니다

지난날
오묘한 빛 속
추억으로 남고
둘이 하나가 되어
이 세상 사라질 때까지
사랑한다고 말할 것을
금자탑 쌓아 올리듯
하나가 아닌 둘이
한마음 되어
외로움 함께 달래며
영원히 사랑하고 싶습니다

향기꽃나무

나 그대를 사랑함에
흰 조각배 한 쌍 푸른 물에 띄워 보낸다
출렁이는 배가 춤을 추어도
그대 항상 나 잊지 말아 주오

나 그대를 사랑한다
빨간 장미 한 송이 멋쩍게 드리오니
메말라 향기 날리지 않아도
그대 항상 나 잊지 말아 주오

나 그대를 사랑함에
하늘 같은 웃음 바구니 채워 드리오니
슬픈 눈물 타고 버릴지라도
그대 항상 나 잊지 말아 주오

아니 잊어야 하는 절망이 앞선다면
그대 그때 나 잊으려면 잊어 주오

장미

시간이 흘러가면 갈수록 깊어가는 정
그대를 처음 만나는 순간
별빛과 같이 초롱초롱 빛나는 눈동자
어머니 같은 포근한 마음
붉게 피어오르는 장미의 얼굴
한 떨기 수정처럼 어여쁜 입술
아리따운 그 이미지
영원히 간직하고 싶어요

세월

밤하늘에 반짝이는 별
그 누굴 기다리기에
밤새도록 밝은 빛을 내는가

그 누구도 막을 수 없는
소리 없이 흘러가는 세월
내 그림자는 사라지고
내 생명이 끊기는 듯
남모르게 훨훨 날아다니는 그림자

잡을 수 없고
말할 수 없는
나의 다정한 벗이 되어 주는 그림자

그대와 다정히 걸으면
마치 우리들의 영혼이
따라 다니는 듯
둘이 넷이 되어 주는

작은 이별

하늘은
바람을 몰고 와
길 위에 마구 뿌리고

어디선가 들려오는
귀에 익은 목소리
잔잔한 호수 파문처럼
다가오는 전율은 무엇인가

그것은
얽혀서 풀리지 않는
그리움의 실타래

멀리
여름이 가고 있구나

별

촉촉이 젖어 오는 밤하늘
저 숱한 별 무리
견우별 직녀별
어디 숨어 사랑을 속삭이는가
모래알 은하수 속에
내 별은 어디 있는가
그대 별 내 별 속
밤하늘 멀리
끝없는 새로움에
노래하는 메아리
나 지금 가슴으로 듣고 있네

그래도
미련 때문에
곁에 있으리라
영원히
사랑하므로

백사장

비바람 친 백사장으로
홀로 걸으며
속눈으로 마주치며
지나가는
당신은 누구십니까?

혼자보다 둘이
옆으로 나란히 있어준다면
편안하고
포근하고
따뜻하고
외롭지 않고
그러나
그대는 받아주지 않아

노을

나룻배에 앉아 머리카락 휘날리며
너를 바라본다
다투며 신경질 내며 화해하던
추억 속으로 파묻혀
소리 없이
말없이 지는
노을빛이
내 죄를 사죄하며
잔잔히 타오르는 파도처럼
불러본다

추억

온 세상의 만물이 소생하듯
속살 피어오르는 길목으로
함박웃음 짓는 꽃망울을 바라보니
지난날 추억들이 그리워지는구나
사랑하는 사람을 잡지 못한 채
지난날 추억으로
한 페이지를 장식하기가
너무 서럽고 아쉽기만 하다
지난날의 그녀와 만나기만 해도
마주 보고 있으면 좋기만 한데
바쁜 일과 속에
보다 적극 행동하지 못하는 것
못내 아쉽고 자신이 미워지는구나
지난 날로 다시 되돌아갈 수는 없을까
원점으로
원점으로 되돌아간다면
오늘날의 내 맘으로 변하지는 않았으리

후회하며 달려왔을 때에는 나는 이미
분홍빛 금잔디의 이불 속에서
잠들고 있을 것이오,
그대가 찾아온 것도 모르고 말이오

작은 새

아!
그대여!
보기 싫거든 떠나오
의심 들거든 믿지 마오
미워지면 바라보지 마오
그러나
한 가지만 잊지 말 것은,
나는 그대를 보고 싶어 찾았고,
나는 그대를 사랑하기에 바라보았고,
나는 그대의 작은 가슴에 등대가 되어
밝은 길로 인도하리라

그대여!
사랑하는 마음 잊지 마시구려,
세월이 흐른 후에 그대가 아차!
내가 잘못 오해 했었구나,

가을동행

안개꽃이 지면 차가운 초동이
문턱 들어선다

청량한 가을 햇살에 빛바래
곱게 물들어 간다

속삭임과 입에서 내뿜는 공기를
함께 마시며 발길 닿는 곳마다
걷는다

날개

아침 추위에 잠이 깨어
나를 들여다본다
가진 것 하나 없이
아직도 미련만 남아
초조한 하루를 앓고 있다
조그만 꿈이라도
잡고 살면 되련만
날고 싶어서
바람마냥 날고 싶어서
새벽이면 옅은 잠에
마음 뒤숭숭하다
날개도 못 갖고 태어난 무거운 몸뚱어리
비상을 시도하다
딱딱한 바닥에 통증만 남겨 둔 채
오늘 하루도
또 한 장의 내 날개를
뜯어 내야 하는가

남아 있는 라일락 향기를
내 붓대의 끝에 흠뻑 찍어
여름내 숨겨야 했던 나의 사연을
세월을 토해내듯
우편엽서에 적어
그대의 가슴을 향해 입김 불어 보낸다

우편엽서

불볕더위가 살갗을 찌르는
성하의 어느 여름 한나절
떠도는 새털구름이 그리고 있는
누군가의 얼굴이 뜨겁다
무언의 대화 속에 피어오르는
그 사람의 목소리는 산들바람
어머니 품에 안긴 듯 포근하고
또 포근하다
이 무더위야 한 바탕 비 내리면
말끔히 씻겨 가겠지만
가슴에 새겨진 너의 뜨거운 숨결은
끝내 식을 줄을 모른다
여운마냥 시간이 흐르고 세월이 흘렀어도
재회의 기다림처럼 남아 있는
그리운 이름이여!

그 숨결 그 모습은 잊었다 하나
당신의 뒷모습에서 풍기던
코스모스 향기는 잊지 않았다고
나는 지금도 믿고 있으니까요

어느 소녀의 사랑

꿈은 많고
그 꿈의 날개를
활짝 펴고 싶다는 생각이 들었을
그 때
그 사람을 만났죠
이루지 못할 사랑이라 해도
난 그저 좋았죠
내가 그 사람을 처음 만났을 때
아름다운 꽃 한 송이와
노란 나비를 보았죠
그 꽃 한 송이 시들어갈 무렵
나는 그 사랑에게서 멀리 떠나야만 했죠
그러나
아직도 그를 잊지 못하고 있으니
코스모스 꽃 활짝 필 때 쯤
다시 그대를 찾을 것이요

잃어버린 초상

떨어지는 은행잎이
바람에 떠돌던 그 계절에
나는 사랑하였습니다
일렁이는 우물물의 흔적처럼
끝없이 흔들리던 그 눈빛
화창한 봄날처럼
사랑한다는 마음에 사랑을 주고
기뻐하는 얼굴에 환한 햇살을 주었습니다
가냘픈 어깨가 잔뜩 움츠러 들었을 때
나는 사랑을 떠나 보냈습니다
수많은 슬픔을 간직하며
나의 잃어버린 자화상이
이지러지고 있을 나이
그래도 사랑했노라고
말할 수 밖에 없는 이유는
그런 날들조차도
내겐 사랑이었기 때문입니다

장호천* 내려다보이고

주인을 기다리던 포구가 있었으니

거기가 바로 구장터요

사창골, 적봉마을, 수촌마을, 구장터 마을 한복판

아리랑고개 너머 곡谷마다

삶의 터 자리 잡은 동네

인심이 후하고

정情도 많아

사랑할 줄 아는 사람들만 사는 곳

그곳이 내 고향 송탄이라오

---

* 장호천 : 지금 진위천의 옛지명이며 귀천이라고도 하였다. 한때는 하북 냇가 이라고도 했다.

한양과 충청도, 전라도를 넘나들던
삼남대로 흰치고개
봉황새가 춤을 추는 형국 무봉산을
머금고 고향을 삼남대로 떠나는
어사 박문수

동쪽 끝 마을 사창골
파발마 갈아타고 떠나던 갈원에서
막걸리 한 사발 마시며
삼남대로 떠나기 전 쉬어가던 동막
덕암산 기슭 아래
왜놈을 단숨에 무찌르고 지하에서
편안하게 쉬고계신 호국인護國人 원릉장군

서해 평택항에서
굽이굽이 흘러 내려오는 나룻배 타고
한 마리 노루처럼 보이는 장당고을 지나면

내 고향 송탄

삼국시대에는 연달부곡
통일 되면서 진위현이라 불린
진위동헌* 남쪽 십 리 밖에 있는
어머니처럼 자비롭고
아버지처럼 정情이 넘치고
할머니처럼 포근하고
할아버지처럼 넉넉하며
부처님처럼 넓은 마음으로
누워있는 불악산 그 산자락 아래
자리 잡은 탄현마을

조선시대 청백리 정승 맹사성이
검은 소를 타고 퉁소 불며 지났던
대왕님이 온천 나들이 나서다 앉은자리
이팔청춘 사랑 나누던 이몽룡이

---

* 진위동헌 : 옛날 고려 조선시대에 현감이 계시고 고을을 다스리는 관청, 지금 진위초등학교 자리에 진위현 관아가 있던 터임.

짙은 노을

사슴들이 한자리에 모여 앉아
소곤소곤 말하고 있습니다
오늘 무엇을 했는지 회상하며
내일 위해 넓고 넓은 대지에서
마음껏 뛰기 위해
오늘이 가면 내일이 찾아오는 자연 섭리에
사슴들은 오늘도 명상에 잠겼다가
포근한 잠자리로 찾아갑니다

사슴들에게도
어제 오늘 그리고 하제*가 있듯이
꿈나라에서도
마음껏 뛰고 놀고 있을 것이오
사슴들이여! 잠에서 깨어나라!
내일 위해 오늘은 마음껏 뛰자
넓고 높고 멀리 높이
내일 위해, 오늘도 뛰자

---

* 하제 : 내일을 뜻하는 우리 고유어.

바닷가에서

발자국에 숨은 얘기들을 엿들으며
보석처럼 빛나는 물체를 찾아가 보면
깨진 조개껍질

한풀이하듯
소리치며 달려오는 파도의 몸짓
잠겨버린 하늘에선
갈매기의 날갯짓

어디선가
오랫동안 잊었던
어릴 적
등 뒤에서 맡은
어머니 냄새

멀리
빈 배 하나 밀려오는데…

창 열고 푸른 하늘
바라보면
아득히 들려오는
고향의 숨소리
내 영혼은 당신을 위해
노래를 부르고 있답니다

그리움

창 열고 푸른 하늘 바라보며
스쳐버린 세월 속에
지나가 버린 추억을 그려봅니다
화사한 미소를 마음에 심어주던
그리운 그대의 모습을 그려 봅니다

창 열고 푸른 하늘 바라보며
아득히
들려오는
그대의 숨소리
내 영혼은 당신을 위해
노래합니다

소녀에게

깨어있는 이
아무도 없는 이 시각
나는 너를 부른다

소녀여!
밤하늘에 외로이 떠서
홀로 글썽이는 별을 보았는가

침묵으로 감춘 그리움
강물 속 달빛처럼
출렁이는 밤

따뜻한 날의
한마디 약속 때문에 나는,
얼마나 더 아파해야 하는가

추억

책갈피 속에 파묻혀 있던 임의 얼굴
내 가슴에 파문이 일고 있습니다
촉촉이 내리는 가랑비 맞으며
광란하게 비치는 네온사인 거리를 헤매다
뇌리로 스쳐 가는 그리운 눈동자, 상냥한 미소
가슴에 파문을 일으키고 그날로 돌아갑니다
풀잎에 구르는 초롱초롱한 은빛 구슬
꿈속에서 피어서 눈부신 살결
밝아 오는 아침에 시들어 이별한들
노을 지는 오솔길 거닐며
보리향기에 취하고
두꺼운 구름에
새벽이 가린다 해도
사랑이여!
희망이여!
슬픔이여!
눈가에 맺혀있는 눈방울
소리 없이 눈길을 끌고 갑니다

동실봉과 천지산이 짝사랑하듯 애틋하게
바라보고 있는 사이로 살며시 보이는 주산主山
고을 지켜온 무봉산 기슭 아래 동헌東軒은
어디로 가고 없고 진위초교가 비뚤어지게
바라보고 있네요

짱돌처럼 단단하다 못해 치장거리로
팔려 가 애원하듯 사라져버린 반지산

노을 지는 사이로 어깨 넘어
빵끗 웃고 있는 함박산

한 발자국 한 발자국 걸어서 십 리十里 늘어선
우리들의 안식처
잊어버린 당신의 이름을
찾아 드리겠습니다
불악산佛樂山

불악산佛樂山

나지막한 능선 따라 거닐며
언젠가부터 불린 부락산負樂山
아무리 생각해도
기억이 나지 않는 이름
사방을 두리번거리며 봐도
어디서 굴러온 이름
달가워하지 않은 이름

지장사에서 흰치 고개까지 오리五厘

해가 뜨는 아침이면
태봉산에서 굽이굽이 걸어오듯
애기봉 고개 넘어 어김없이 큰형님 마음처럼
포옹해 주고 안아주는 덕암산

하나가 되어 내려오고

아!
마음 저리도록 슬프도다
뼈 깊숙이 시리게 아프도다
고을의 선현들께서 지켜온 역사
왜놈들 발에 짓밟힌 것도
원통하고 억울한데
이름마저 평택으로 묻혀버린
당신의 이름 불러봅니다
진위동헌이여!

진위동헌振威東軒

천 년 동안 고을을 지켜온
주산主山 무봉산 기슭 아래에
삼남대로 가로질러 자리 잡은 터
조선 오백 년 역사 속에 빛나는 어사가 태어난 곳
무봉산에서
장호천에서
고을의 조산造山에서 불어오는 바람 소리
경소리에 파묻혀
진사 나리
생원 나리
삼백여 명 문헌들을 배출한 향교가
바라보고 있거늘
감히
여기가 어디라고 들어와서
부수고
망가트리고
흔적도 없애는가
진위동헌 어디서 찾으리오

우리가 사랑하는
정겨운 이웃사촌
정다운 고향 하늘
이곳을 죽는 날까지
영원히 사랑하렵니다

내 고향 오좌골

동실봉 왕자봉 휘감은
봉황새가 자리에 일어나
날아가는 저 능선 산기슭에
자리 잡은 내 고향

옛적부터 유수 깊고 인심이 살아 있고
앉은 자리는 잔디가 자라지 않는다는
이곳
타향살이 하더라도 잊지 않으렵니다

따스한 어머니 품에 안기듯
천지산 다섯 줄기 능선이
뻗어 내린
오좌골

할미꽃

뽀송뽀송한 저 살결
늙어도 저리 눈부실까
비너스보다도 고운 다리 맵시는
초롱초롱한 은빛 구슬에 반사되어
노을 지는 지평선 너머로 살짝 드러내
요염한 살결로 나를 울린다

울지 마라
눈물 없는 새처럼
웃지도 마라
피어도 소리가 없는 할미꽃처럼
슬그머니 아침이 오면
이슬에 젖어 시름한들
보리향기에 취해 주정한들
바람에 흔들흔들 날려간들
푸릇한 금잔디 이불 속에
아가처럼 잠들리라

3부
불악산

봉사 (동민조시)

한 장씩
나른 만큼
쌓이는 연탄

할머니 웃음에
괜히 눈물 나오

벚꽃 (동민조시)

한순간
벚꽃 한 잎
흩어져 날려
꽃잎 줍는 동생

첫눈에 반했다 (동민조시)

내 짝꿍
누구일까
궁금했는데
수줍은 그 아이
첫눈에 반했다

벚꽃

봄이면
내 마음에
꽃을 피우고
그림을 그려요

달항아리

보름달 닮은
둥그런 달항아리
아빠의 콧노래 장단 맞추어
타닥타닥 불길 속에서
익어가는 소리
밤새 구운 달항아리
꽃향기 풍기며
우릴 기다려요

제비꽃

손시려 움츠리던 작은 새싹
차가운 땅을 밀고 고개 들어요

엄마가 심어 놓은
진보랏빛 제비꽃

장독대 옆 화단에서
하늘 향해 피었어요

매미

맴맴맴
시끄러워

맴맴맴
짜증나

맴맴맴
얄미워

나뭇잎 속에
숨어서
맴맴맴

언제 끝나

더우면
더 크게 울어요

누나

구름꽃
송이송이
마음에 담고
오솔길 걸으면
안개 속 헤집고

나타나는 얼굴
우리 누나 얼굴

별 친구

지금은
볼 수 없고
말할 수 없는
전학 간 너 대신

오늘도 네 별이
반짝 웃어 준다

붕어빵

붉은 불에 달궈 지는 쇠그릴판
걸죽하게 양념되어 빙글빙글
굴러 굴러 돌면 올라올까?

언제가 올라 오겠지
한바퀴, 두 바퀴 돌고 돌아
뿌옇게 내뿜는 연기와 함께
올라 온다
월척이야 붕어빵

너는 아니?

아이야, 너는 아니?
호박넝쿨에 주렁달린
호박 덩이의 비밀을

바람이 물을 주고
햇볕이 거름 주어
한여름 이겨 냈다는 걸
나뭇잎 한 장에도 바람과 햇볕이 숨어
우리 강산 푸르게 한다는 것을

아이야, 너는 아니?
아빠는 너의 바람이고
엄마는 햇볕이란 걸

별

옥상에 올라가
반짝이는 별을
바라봅니다

지금은
볼 수 없고
말할 수 없는
전학 간 친구 대신
내 친구 되어 주는 별

오늘따라 별빛이
반짝 웃어 줍니다

목련꽃 편지

넌 혹시 겨우내내
나처럼 아파 본 적 있니?

눈보라도 이기고
꽃샘바람 이기고

하얀 꽃잎에다
편지를 쓴다

겨우내 만나지 못한
내 짝꿍 ○○에게~~~

꿈

외갓집 친구와
몰래한 약속
겨울방학 때
또 만나자

집에 와 생각하니
웃음이 절로 난다

또 만날 부품 꿈에
마음은 풍선

2부
동시야 놀자

달고나

생명의 근원 흙냄새 향기가
봄을 불러 옵니다
믹스커피의 달달한 마음
달콤한 사탕의 맛보다 진한 가슴
진한 향기 내뿜는 달고나의 고통
항상 변함없는 천년향처럼
내 인생의 아름다운 날은
당신과 함께한 오늘의 세상입니다

내가 사랑하는 만큼
내가 좋아하는 만큼
내가 소중한 만큼
잃어버렸던 인연을 이어가며
달고나 추억을 불러옵니다

강아지의 한숨은 나약한 나의 무능함
웃음은 삶이 충전되는 행복한 배터리
이래서 저래서 안되는 것도 긍정힘 발휘하여
풍경채 그려 보지만 가운 어깨 살결에 고된 삶이
느껴진다

낙서장

코로나에서 오미크론까지
가파르게 오르락 내리락 한 세상
낮에는 역학조사에 한나절
해질녘은 방역강화 감시눈이 되어
하루하루 가는 세상
박봉한 봉급이지만 영위한 보람으로
연명을 연장하며 웃음꽃 피운다

우리집 강아지 책보따리와 한판씨름
미래의 희망을 키우기 위해 씨앗 뿌린다
지펴지는 모닥불처럼 활활 타오르는
등불 되기 위해 바스락 바스락 낙엽처럼 내려앉고
채우기도 바쁜 곳간만 비워간다

매화

가슴이 시려 움츠린 마음에 시샘하는 꽃샘추위
몸짓 날개 속에 피고 어머니 품에 안기듯
하늘 향해 피는 꽃봉오리
이른 아침에 기침 소리와 함께 일어나는 갯버들

쌀쌀한 온기에 밝아 오는 햇살 봄빛에 따스함이 느껴집니다
찬 공기 이슬 먹으며 은빛 솜털 버들강아지들의 춤사위
얼씨구 절씨구 장단에 콧노래 부릅니다

시샘하며 심술부리는 동장군이 몰고 온 막새바람 타고
시간이 뛰어가듯 가슴이 날아가듯
붉게 피우기 위해 애닯게 울었는가
수그러진 꽃잎 물들어지도록 가까이 가고 싶다

은혜로에서

봄 향기가 물씬 풍기듯
함박 웃으며 만개한 벚꽃
푸른 하늘을 우윳빛으로 가리고
흩날리는 벚꽃잎을 손 우산에
의지한다

이름 석자 알리고자 뿌린 명함들은
거리에 나뒹굴고 있네
그래도 우리는 뚫어진
벙거지에 우박 맞듯
꽃비에 흠뻑 젖어
취해서 바람났네

가을소리

은행나무 아래
수북하게 쌓인 노란 낙엽
바람에 날리어
하나가 되어 만났다

만남은 깊어가고
- 깊어 가기에 정들었다

정들어 가기에 미웠고
- 미워하기에 싫었다

싫어하는 만큼 한 다발 꽃을 담고
- 담는 만큼 잊기로 하였다

잊는다는 것은 깊게 익어가는 것이다
소리 없는 새처럼
멀리
저 멀리

설천봉 상제루에서

설천봉 가는 길에 운무가 나를 잡네
검푸르게 짙은 향기 취하도록 에워싸고
앙상한 고목나무처럼
모든 것을 받쳐주네

곤도라에 의지하며 펼쳐지는 덕유산맥
옥황상제 부르는 일천오백고지 상제루
가슴에 묻혀있는 맘
편지에 담아본다

천년 지켜 내려온 만기사 극락전의 독송에
낙엽 지고 귀뚜라미 우는 가을 꿈속에
이상理想만 높아져 하늘을 향해 심호흡 한다

내가 동경하던 그 가을은 노오란 꿈을
청량한 햇살처럼 물들어 가는 단풍잎처럼
하얀 눈이 내리는 문턱으로 한 발짝 다가선다

무봉산에서

발치에 진위천 두루고 솟아오른 무봉산
검푸르게 짙어지는 여름의 열기들이
잎사귀 끝에 서서 이별의 빛으로 반짝이고 있다

내 하얀 맘속 깊숙이 문 두드릴 때마다
춤을 추며 승천하는 봉황새 속삭임에
또 하나 다른 얼굴의 동그라미를 그린다

빨리 물드는 상수리 은행잎들에 언뜻
스치던 어색한 노란 빛들이 몸부림치며
뒷동산을 모조리 채색하고 있다

무너진 산성 굽이돌아 안개꽃이 지면
아이들처럼 몸 밑에 붙이고 선 낙엽송들이
제법 깊어 가는 가을빛에 가벼워져 간다

Ⅳ. 고덕古德

함박산 아래 포구가
바라보이는 해창리
장마철이면 물난리
어김없이 찾아오는 궁안

고두古頭와 종덕宗德이
하나가 되어 고덕으로 변하고
고두古頭는 어디로 팔아서
잊어버리고

그것도 모자라서
삼성이 들어온다고
할아버지 대대손손
천년 지켜온
터를 내어주고
어디에서 찾으리오

고향의 향기는
어디서 찾으리오

Ⅲ. 서탄西炭

매봉산에 매달려
애달프게 바라보고 있는
금암리의 북바위

동구밖에 다녀온 식구를
아직도 지켜주고 있는
내천에서 사리 은행나무 사이로
펼쳐진 황금벌

진위현의 서편에 있어 서면이요
서면은 일서와 이서 고을이고
이탄 고을과 함께 합해서
서탄이 생겨났죠

선각 형님은
오늘도 서탄西炭을 지킨다

Ⅱ. 쑥고개

불악산 골마다
이루어진 고을
참나무가 우거져서
숯으로 변신하여
배고픔 달래주던
장터가 숯고개
그래서 탄현고을
탄현고을은 숯고개
숯고개 고을을
쑥고개라고 불렀다

고향의 향기

Ⅰ. 진위振威

무봉산의 품에서
천년을 지켜온 진위振威
구천龜川이 흐르고
오천梧川이 되어 흐르고
장호천長好川이 되어
바라보고 있는 천년의 고을
진위현을 다스리던
현감은 어디로 가고 없고
청호역은 어디로 가고 없고
남은 것이라곤 빈자리 터
진위천을 흘러가며 지켜보고 있거늘

가을 빛

가을비 내리는 밤
처음 만난 그대
새로운 세상을 만나게 해주고
새로운 지평을 만들게 해주고
새로운 마음을 새기게 해주고
삶의 질을 새롭게 일구게 했던
그대와의 만남

인연

온 세상의 만물들이 역동하며
봄을 기다려
그대를 처음 만나는 순간
별빛과 같이 눈동자 초롱초롱
설렘은 꽃무리 이뤄
바라보는 맑은 이 세상에 태어나서
인연이 되어줘서
감사하고 축하합니다

엄마의 가슴처럼 포근한 마음
붉게 피어오르는 장미의 얼굴
한 떨기 수정처럼 어여쁜 입술
아리따운 이미지가 세상의 빛
태어나 인연이 되어
고맙고 축하해요
그리고 사랑합니다

진보랏빛

진보랏빛 사이로
살짝 드러나는
우윳빛
뜨겁게 달구듯
가슴을 뛰게 하는
너의 모습에
넋이 나갔어요

사랑스러운 모습에 반해
오랜 시간 지나도 지금처럼
사랑할 수밖에 없을 것 같아요

오늘도 지친 몸을 이끌고
산업전선으로 향하는 모습이
안쓰럽고 보기 힘들지만
또 하나의
약속을 이루기 위한 발돋움이잖아요

봄

촉촉이 젖은 거리
차가운 기온에
스쳐 가는 시간
봄

꽃이 봄을 기다리고 있어요
첫 만남의 설렘
만남이 벙글어져
꽃무리로 이루어지고
바라보는 맑은 눈동자
그 안에 호수가 있어
바람에 일렁이며
잔잔히 흘러가네요

핑크빛 장미 한 송이에서
품어내는 오월의 향기에
춤추며 취해 본다

핑크빛 장미

해맑은 햇살이 애교부리고 있습니다
녹음이 짙은 하늘
초록 이파리로 뒤덮인 가로수
아카시아 향기를 밀어내고
넘어오는 오월
클레오파트라가 죽어서도
잊지 못해 영혼 되어 함께
짙어지고 간 장미의 향기

포근한 모성애를 마음에 품고
별빛과 같이 초롱초롱 빛나는 눈동자
핑크빛 무늬처럼 피어오르는 얼굴
한 떨기 수정처럼 아리따운 입술에
립스틱 자국이 묻지 않게 설레이는
입맞춤에 사랑의 맹세하며
너의 가슴을 향해 던진다

강한 비바람에
흐드러지게 피어오르는
오뉴월의 꽃들을
이렇게 시기 할 줄은
정말 몰랐습니다
강한 비바람은
온데간데 없이 사라지고
푸른 하늘이 보입니다

오유월의 향기

오월에
피어나는 향기의 내음이 싫어서
온종일
그렇게 거세게 눈물비를
뿌렸나 봅니다
강한 비바람에
꽃들도 나무도 건물도
아무 누구도 무기 해제 되어
그냥 주저 앉고 말았습니다

아침밥처럼 무향기의 이팝꽃
여인의 머리 향 뿜어내는 조팝꽃
아카시아 향기의 꽃망울을 숨기고
찔레가 그 향기를 감추고 있을 때
행복의 꽃은 달님처럼
활짝 피어 웃음으로
소중한 시간을 간직합니다

함께 있어 주는 시간은
에너지가 충전되고
삶에 엔돌핀을 일으켜
마음을 뜨겁게 달궈 줍니다

호숫가에서

온 세상의 생명체들이
자연 섭리의 법칙에 따르듯
들녘엔 지천으로
야생초들이 잔치벌이고
보이는 나뭇가지에서는
오색 꽃무리들이 춤을 춘다
꽃무리로 이루어진
산기슭 아래로
바라보이는 은빛 물결
맑은 눈동자
일렁이며
잔잔히 흘러가네요
마주 보고 맞잡은 손은
떨리는 가슴이 느껴지고
에스라인에 드러내는
살결을 보며 침만 삼킵니다

벚꽃

천년을 한결같이
순결을 지켜온 당신
이리 봐도
저리 봐도
연지곤지 찍는
그 순간의
당신의 얼굴이
아닙니까
흩날리는 당신을
바라보면
부끄러워 하는

사랑입니다

무제 4

너와 나?
하나!

언제?
낙엽!

만남?
필연!

사랑?
아픔!

이별?
슬픔!

먼 훗날?
재회!

무제 3

나 하나 꽃피운들

화려하지 않겠지

가는 길 험난한들

즈려 짓밟혀 진들

하나 또 하나 피워

앞길 밝혀 주리라

무제 2

안고 싶다
품고 싶다
바라보고
내려
있어도 좋아
나는 잡초
당신은
녹음과 푸름이
짙은
꽃봉오리
찾는
하얀 나비

무제 1

창가에 내리는 빗소리 들으며
초콜릿 향기 맡으며
마주 보면서 커피 한 잔
쏟아 내리는 소리

그녀가 부르는 노래 소리인가
굵게 빗발치는 빗방울 소리

그녀의 가슴 고동 소리인가
가는 길 작은 연못에 빠져
헤어나지 못하고
님 오실 때 기다린다

추억을 밟으며 2

꽃은 피어도 소리 아니 내며
새는 울어도 눈물 아니 나고
사랑은 불타는 연기 아니 나듯

화사한 미소로
나의 마음에 사랑을 심어주고 떠난
님의 눈빛 그리며
깊어 가는 만추의 그믐달 빛이
야속하기만 하구나
달빛처럼 초롱초롱 빛나는 눈방울
어머니의 모성과 같은 포근한 맘으로
피어오르는 국화처럼
붉은 앵두처럼
임의 이미지가 작은 가슴에 파묻혀 있을 때
추억 속에 한 페이지 일기장으로 남을까
 못내 슬픈 노래를 부르며 가는구나

아무도 아는 이 없어도
되돌아와 불고 있을 바람이 되어
그 길을 걷고 싶다

추억을 밟으며 1

은행나무 아래
수북하게 쌓인 노란 낙엽
바람에 날리고 있다

낙엽을 밟으며
눈 시리게 그리운
추억도 밟는다

주홍빛 들국화 사이로
그윽한 미소 속에
콧노래 부르며 걷던 그대

울어도 눈물 없는 새처럼
피어도 소리 없는 꽃처럼
불타는 연기 없는 사랑처럼

선대 할아버지 모신다

초칠일은 영동에서

두 번째 일요일은 논산 영모재에서

열 다섯날은 안봉 선산에서

해마다 부음 받고 떠난 뒤

연로하신 일족님들만 함께

유세차

축문 제를 모셔본다

시제 지내러 가는 길

매년 음력 시월이면 바쁘다
조상님의 음덕을 기리는
시제를 거행하기 때문이다

세월이 흘러가면 갈수록
사회문화가 발전하고
변화되어 가면 갈수록
고유풍습이 하나 둘
사라지는 것이 아닌가 싶다

몇 년 전 만 해도 조상 묘
찾아가서 제를 지내는데
요즈음 재실에서 간편하게
치르지만 젊은 세대들의
무관심 때문인지 찾아 오는
일가 없고 만나기도 힘들다

능소화

푸름이 짙어 녹음 지는 여름날
고즈넉이 들려오는
트럼펫을 닮은 꽃
눈에 넣으면 맹인이 된다 한 들
내 어찌 그대를 외면할까
온 몸 붉게 달아 올라
타오르는 가슴을
식혀줄 아메리카노 아이스
그 한 잔을 앞에 놓고
초승달 기다려 본다

갈대

정월 초이튿날
냇가 도랑에 날리는
바싹 말라버린 커다란 풀잎
차례상 차리느라
고된 시집살이 하였는지
가냘픈 몸을 지탱하기조차
힘들어 바람에 짓눌린 것처럼
쓰러질 듯 합니다
된바람 섞어 친 소리
아랑곳않고
오늘도 억세게
살아갑니다

가을비

가을비 내리는 밤
그녀를 처음 만났다
그녀와의 만남은
새로운 세상을 만나게 해주고
새로운 지평을 만들게 해주고
새로운 마음을 새기게 해주고
새로운 정신적 삶의 질을 높여줬다
늘
감사하고
고마운 사람
그 마음 영원히 간직하겠습니다
사랑합니다

아내의 향기

피어 오른 봄꽃처럼
사뿐히 내리는 꽃비
꽃그늘에서 속삭이듯 마주치는 눈동자
훨훨 날갯짓 하는 한 마리 새처럼
사랑을 싣고 날고 싶어라

바람에 실려 가는 파란 하늘
맞닿은 나무 사이로 초록빛 하늘
푸르게 피어오르는 능선 눈바람에 흩날린다
은빛깔에 비치는 물결을 마신다
따사로운 햇살을 먹는다
호수처럼 푸름에 익는다

푸른 바람 타고 피어오르는 향기
신록처럼 떠오르는 향기
파릇파릇 노릇노릇 피어나는 향기
마음 밭에 심어둔 향기를
읊즈려 본다

바라보면 지금처럼
사랑하고 지켜보는 것
밖에 없다는 것을
알았습니다
그녀가 말했습니다
뒤돌아보지 말라고
하지만 떨어지지 않는
발걸음을 맘으로 추스르며
되돌아
왔습니다

기다림

물들어가는 참이슬로
나란히 서로 바라보며
떨어지는 낙엽을 밟으며
발자국 소리에 맞추어
눈웃음 속삭입니다
호주머니 속에서는
누가 말하지 않아도
두 손 꼭 잡고 서로 놓아주지
않았지요
생각하면 할수록
그녀가 왜 이리 착한지
바라보면서 어깨가
수그러드는 것은
너를 위해 해줄 수 있는 것이
없다는 것
바라보면 슬프다는 것은
헤아려 줄 수 없다는 것

찬 공기 매섭게 엄습해도
두렵지 않습니다
달님의 따뜻한 온기가
나를 감싸주고 있으니까요
새는 울어도 눈물 아니 흘리고
꽃은 피어도 소리 아니 나고
사랑은 연기처럼 타오르고
있습니다
타다 남은 연기를 잡을 수 없지만
타다 남은 재를 버리지 말고
마음에 담아주세요
그대의 숨 고르는 소리를 먼발치에서
가만히 엿보고 있습니다

겨울비

어느 가을이 오는 날
화사한 미소로 찾아와
한 줄기 빛이 되어
내 가슴을 흔들어 놓았습니다
그 빛에 사랑의 꽃이 피고
나비가 날아들고
따뜻한 온기의 열을 지폈습니다
나의 달님이 되어
내 가슴에 반짝입니다
너무나도 소중하기에
너무나도 사랑스럽기에
너무나도 고귀하기에
먼발치에서 바라봅니다
이렇게 비가 내리는 날이
내 창밖은 늘 그대가 서 있습니다
달님을 향한 사랑의 순정임을
행복으로 여겨 가슴으로 삼킵니다
가을비가 겨울비를 끌고 가

한 마리 철새가 되어
찾아 보고 싶은 그대여
아! 깊어 가는 밤은 싫어
추워라 겨울잠 끝나면
그대 다시 내게 오려나

첫눈 오는 날

옛날 옛날
굴속에 들어앉아
짐승 말을 하던 옛날
첫눈 오는 날이라야
토끼 한 마리 잡던 옛날
재 너머로 넘어 가는
하루해도 없던 옛날
그런 옛날 아니어도
만났어야 하는 그대
이제는 색깔 고운
솜이불에
아무리 누웠어도
그대를 기다리는
마음만은 지척인데
기다려도 기다려도
옛 시절은 오지 않네

보면 볼수록

보면
볼수록
빠져든다

보면
볼수록
사랑한다

보면
볼수록
느껴진다

오산역에서

운암뜰 청학골 사이 가로질러
치마저고리의
유려한 곡선처럼 흘러가는
오산천 바라보며
나는 생각한다
많은 사람들이 가진 꿈은 어떤 걸까
너무 많은 꿈에 짓눌린 채
기차 바퀴에 깔린 잡초처럼
흐느적거리고 있는 것은 아닐까
세월의 사이로 크게 휘어 있는 철길을 따라
코스모스는 피었는데
황새교 너머 낮은 봉우리에 걸린 노을
뿌우우~ 기나 긴 기적소리에
또 하루 오산역이 저문다

서정천에서

짙은 어둠속에 숨소리가 깨어나고
찬이슬 먹으며 낙엽이 떨어지고
가을걷이 마친 빈 들녘에
안개가 그 자리를 메우고 있습니다

노을지는 가슴
멀어지는 마음
더 나가는 애증
잊혀지는 추억

공허한 마음을 달랠길 없이
풀잎에 베이고 익어가는 갈대길
헤쳐 나가 봅니다

진위천에서

거기가면
푸른 바람 타고 피어오르는 양귀비꽃잎
신록처럼 떠오르는 시원 식구들이
잔치를 벌렸다

파란 하늘아래 시詩나무를 심고
파릇파릇 노릇노릇
피어나는 보릿꽃 잎 사잇길
달린다

독산성禿山城 세마대지洗馬臺地에서
나는 보았노라
몇 잔 술에 가득 차오른 멍울 어루만지며
숨길 터 줄 것처럼 내려 주는 곳

독산성禿山城
세마대지洗馬臺地 올라

백제 온조가
태양속에서 내려와 자리 잡은 터전
창 열고 푸른 하늘 바라보면 아득히 들려오는
고향의 숨결 소리에 멈추는 내 영혼

독산 기슭 아래 하얀 백미로 말馬을 씻고
수 만명 왜놈을 단숨에 무찌르고
지하에서 웃고 계실 호국인 권율장군

밝아오는 이슬아침을 내 품에 안고
빈 가슴을 채워지는 세마대
낙엽지고 귀뚜라미 우는 가을 꿈 속에
이상理想 높여 천년을 지켜온 보적사

통복천에서

오월 끝자락에 걸터앉아
얼룩진 시간을 떼어서 통복천으로
흘려보낸다

산책하는 사람들이 내뿜은 살갗 내음
새잎으로 돋아 내어 손가락에 끼운다

작은 새소리에도 움찔 놀라며
머리위에 굵은 소화기가 지나고
구름과 구름사이 숨어버린 노을은
너울 되어 가고

불악산 구름꽃

검푸른 숲으로 갈아입은 불악산
우뚝 솟은 봉우리마다
구름꽃이 피었다
하늬바람을 목도리처럼 두르고
하염없이 걷다 보면
평택의 산하 곳곳마다
출렁이는 희망이 있네

청자빛 그늘에 앉아
바라보던 구름꽃
송이송이 가슴에 담고
오솔길을 내려오면
안개 속을 헤집고
불끈불끈 솟아오른
문명의 상징들
보배로운 우리고장
너와 내가 지켜가야 하리라

불악산佛樂山 2

사람의 꿈과 마음이 자라는 곳
방긋방긋 풀꽃들이 웃으며 피어나고
하늘의 눈길은 사랑으로 보듬어 준다

파란 하늬바람을 타고 흐르고 흐르다가
산의 정수리에 걸터앉는 하얀 구름들
꽃으로 피어나 가슴마다 안긴다

댕기머리 낭자의 애달픈 사랑이야기
천년이 흘러가도 퇴색할 줄 모르고
운무를 헤치고

달려가는 저 고라니는 누구의 화신일까

사람과 구름 모두다 하늘이 키우는 꽃
메마른 가슴마다 희망을 심어주는 불악산

그녀

고맙다는 말 한마디 하고 싶은 아침입니다
그녀가 아침에 들려주는 목소리가
하루를 열어주는 생활의 원천이 되어 줍니다
언제가 다가와서 친구가 되어
외로움을 달래주고
항상 곁에 있어 눈가에 웃음이 맴돕니다
애인이 되어 주어서 삶의 활력이 넘칩니다
괴로울 때 찾아가면
힘들어도 웃음으로 따뜻하게 안아 줍니다
헤어질 땐 언제나
다시 만날 것을 약속하며
아리따운 입술로 입맞춤 해줍니다
그녀는 바로 나의 달님입니다
그녀는 바로 나의 마음과 가슴을 훔쳐간 달님입니다
달님아
아프고 상처받은 마음을
내 가슴으로 보듬어 주리라

같은 방향으로 앉아 여행을 떠나는
TV 앞의 사람들이 가진 꿈은 어떤 걸까?
너무 많은 꿈에 짓눌린 우울증 환자는
기차가 되어 풀려나가는 아파트를 꿈꾼다

기찻길 옆에서 늘 떠날 수 있는 기차를
동경하던 아파트가 코 풀린 뜨개옷처럼
기차가 되어 풀려 나간다
일흔다섯 개 객차가 되어
가랑이 사이로 흐르는 길을 좇아
굽실굽실 풀어져 버린다

뜨개실을 잡아당기는 궂은 손은 보이지 않고
사람들은 창밖을 보지 않는다
같은 방향으로 앉아서 TV를 보고 있는 사람들은
베란다 차창으로 흐르는 봄 여름 가을 겨울의
풍경은 쳐다보지 않는다

비둘기 열차

기찻길 옆에서 길게 선 아파트는
뜨개질 된 옷처럼 구멍이 숭숭하다
전봇대보다 높고
산과 키가 비슷한
기찻길 옆 아파트는
높을수록 소리를 잘 먹는다
한 집에서 쾅 문이 닫히면 쾅 쾅 쿵
파문처럼 소리가 번지고
파도가 뒤채듯
차례로 뒤채며 사람들이 산다

길은 아파트 가랑이 사이에서 흘러
멀리멀리 흘러가다가
다시 큰길을 만나 강을 이루고
차의 홍수에 떠밀려 흐른다

구멍마다 다른
저녁 찌개 냄새가 섞일 때쯤

부엌에 나 홀로 들어 저녁밥 안쳐 놓고
기다리다 지쳐 잠들면 시간은 어느새
밤 열 한 시 어깨 너머 자정 열 두 시
그제서야 들어오신 어머니는
자식들 끼니 챙기지 못했다며
자신을 향해 언성 높여 혼을 냅니다
왜 그러시는지 그땐 아무도 몰랐지만
나 이제 부모가 되어 보니
내 자식의 배고픔이 곧 나의 배고픔이었음을
알게 되었습니다.
아무리 목이 메어도 또 부르고 싶은 그 이름을
다시 불러 봅니다

보고싶다
어머니!

어머니의 밥상

동녘이 밝아 오는 아침
눈 비비고 일어나
윗목에 차려 놓은 식은 밥상 앞으로 당겨
맨밥을 뚝딱 먹고
몽당연필 깎지도 못한 채
학교에 갑니다
수업이 끝나면
친구들과 어깨동무하고
길바닥에 먼지 날리면서
집에 들어오면 아무도 없었던
어두컴컴한 방
침침한 전등불 하나가 졸고 있는 시장 모서리
아직까지 좌판을 걷지 못하고
장사하고 계실 어머니!
언제 오시렵니까

머리부터
씹고 있었던 거야
나는 미련한 날개만
발버둥 치며 윙윙거리고…

불볕더위

사마귀 세모난 입속으로
머리부터 먹혀가는 꿀벌
엉덩이의 침은
짙푸른 하늘만 쏘고 있었지
머리가 없어도
날개는 윙윙거리는데
그 꿀벌의 독침까지 삼켜버린
사마귀의 징그러운 턱
쌍기역 자 날카로운 앞다리

불볕더위를 식히려고
나무 그늘로 갔는데
꽃 이파리 위에서
쾌락의 절정에 오른 사마귀 한 쌍
그 후끈한 열기
더워 숨이 막혀 죽겠는데

그가 벗어 놓고 간 안전화 한 켤레
뒷굽이 떨어져 나가 기우듬해진
그의 삶이야 어찌 되었던 쓰라리지만
그래도 그가 벗어 두고 간
안전화에서 내가 핀다는 것은
언제 어디에나
밥은 있다는 것이다

조팝꽃

등짐을 지고 가던 그가 내게 묻는다
밥은 어디로 와서 어디로 가는 거냐고
그를 처음 만난 곳은 어느 허름한
돈 한 푼 내지 않아도
별과 달과 바람이 수시로 드나들던
하늘을 향해 입을 크게 벌린
동굴 만한 구멍을
이엉대신 이고 있던 함바집
작업복 단추가 하나씩 떨어져 나갈 때마다
지붕을 뚫고 들어온 차가운 바람은
그가 지고 다니던 벽돌의 무게보다
더 무겁게
그의 허리를 짓누르곤 했다
별과 달과 꽃이 빠져나간
그의 빈 동공에 봄빛이 들 때쯤
비가 내렸다

그러나 오지 않았다고 해서
마냥 앉아 우는 새를
바라 볼 수 만 은 없다는 것
내 안을 빠져 나갔던 그가
혀와 귀를 향해 다시 올 때쯤이면
젓가락 한 쌍 만을 놓아둔 채
망부석처럼 앉아
고봉밥을 기다리겠네

누굴 위한 빈 그릇

밤새 기다려도
그는 오지 않았다
혀끝을 스치는 바람하며
내 무의식 속의 세계를 걸어
귀를 빠져나간 사람들
프라이팬 위에서 톡톡 튀는 콩알들처럼
나도 그렇게 안절부절 할 수 밖에 없었다
누군가는
이별을 두려워하며
둥글게 감긴 털 뭉치 안의 털실처럼
한마디도 못하고
웅크릴 수밖에 없다는 것
기적이 길게 우는 새벽인데도
그는 오지 않는다

겨울비는 차갑겠지만
그 차가운 빗속에서도 낙엽들은
서로가 서로의 몸을 부벼 열을 내겠지
그 열 다 식을 때 쯤이면
꽃 피고 새 우는 봄이 오겠지
오늘도 문턱을 넘어 들어가는
나의 주머니에서
낙엽 몇 장이 바스락거리고 있다

월급봉투

찬 서리 치기도 전 먼저 내려
발에 짓 밟히고 있는 낙엽 몇 장
또 한 차례 바람이 불어왔다
몇 장은 차도로
몇 장은 인도로 흩날린다
끝까지 하늘을 쥐고 있던 낙엽 한 장이
보도블럭을 파내고 심어 놓은
단풍나무 둘레로 떨어졌다
지금 떨어진 것이야 한 장에 불과하지만
또 몇 차례 더 바람 불어
해와 달이 진다면
손으로 두드리지 않아도 봉긋 솟은 흙무더기처럼
나무 둘레에 소복하게 쌓여 있겠지

꽃구경 가자

소국 나래 카네이션
아이는 하나만 사서 흙에 묻자고 조른다
보랏빛 감도는 소국 한 단 사
꽃병에 담으면
전원주택 정원인 양 멋질 텐데…
아이는 나를 끌며
꿈 하나 사자고 조르고
나리꽃 한 단 길게 사 들고 가는 이웃에게
환하게 웃으며 인사하고
꽃 트럭은 못 본 척 아이 손 잡아끌지만
아이의 눈은 꽃향기가 가득하다
저기 가서 사 줄 게
저기 가면 향기 잔뜩 주겠다며
아이 손 꼭 잡아끌고
나리꽃 핀 뒷산으로
꽃구경 간다

1부
시나무를 심자

장미 ……………………………………………	129
향기꽃나무 ………………………………………	130
부부 ……………………………………………	131
낙엽의 속삭임 ……………………………………	132
친구 ……………………………………………	135
가을 ……………………………………………	136
가을 향수 ………………………………………	137
오늘을 보낸다 ……………………………………	138
소리 없이 부는 바람이 ……………………………	140
가을 햇살 ………………………………………	142
진실 ……………………………………………	143
창밖에 내리는 눈을 바라보며 ……………………	144
하얀 꽃 …………………………………………	145
그리워하는 그대에게 ……………………………	146
행복 ……………………………………………	147

3부 불악산

할미꽃 ·············· 97
내 고향 오좌골 ·············· 98
진위동헌振威東軒 ·············· 100
불악산佛樂山 ·············· 102
추억 ·············· 104
소녀에게 ·············· 105
그리움 ·············· 106
바닷가에서 ·············· 108
짙은 노을 ·············· 109
내 고향 송탄 ·············· 110
잃어버린 초상 ·············· 113
어느 소녀의 사랑 ·············· 114
우편엽서 ·············· 116
날개 ·············· 118
가을동행 ·············· 119
작은 새 ·············· 120
추억 ·············· 122
노을 ·············· 123
백사장 ·············· 124
별 ·············· 126
작은 이별 ·············· 127
세월 ·············· 128

설천봉 상제루에서 ················· 72
가을소리 ························· 73
은혜로에서 ······················· 74
매화 ····························· 75
낙서장 ··························· 76
달고나 ··························· 78

2부 동시야 놀자

꿈 ······························· 81
목련꽃 편지 ······················ 82
별 ······························· 83
너는 아니? ······················· 84
붕어빵 ··························· 85
별 친구 ·························· 86
누나 ····························· 87
매미 ····························· 88
제비꽃 ··························· 89
달항아리 ························· 90
벚꽃 ····························· 91
첫눈에 반했다 (동민조시) ········· 92
벚꽃 (동민조시) ·················· 93
봉사 (동민조시) ·················· 94

아내의 향기	42
가을비	43
갈대	44
능소화	45
시제 지내러 가는 길	46
추억을 밟으며 1	48
추억을 밟으며 2	50
무제 1	51
무제 2	52
무제 3	53
무제 4	54
벚꽃	55
호숫가에서	56
오유월의 향기	58
핑크빛 장미	60
봄	62
진보랏빛	63
인연	64
가을 빛	65
고향의 향기	66
무봉산에서	70

1부 시나무를 심자

시인의 말 ················· 5

꽃구경 가자 ················· 13
월급봉투 ················· 14
누굴 위한 빈 그릇 ················· 16
조팝꽃 ················· 18
불볕더위 ················· 20
어머니의 밥상 ················· 22
비둘기 열차 ················· 24
그녀 ················· 26
불악산佛樂山 2 ················· 27
불악산 구름꽃 ················· 28
통복천에서 ················· 29
독산성禿山城 세마대지洗馬臺地 올라 ················· 30
진위천에서 ················· 32
서정천에서 ················· 33
오산역에서 ················· 34
보면 볼수록 ················· 35
첫눈 오는 날 ················· 36
겨울비 ················· 38
기다림 ················· 40

시인의 말

첫시집 『불악산』이 나올 때 미완성된 작품이라 언제나 마음속이 세찬 바람에 얻어 맞은 기분이었다. 마음의 응어리를 씻어내기 어려웠다. 이번에 마음의 빚을 갚으려고 생존을 위한 몸부림에 의지한 채 詩나무를 불태워 날려 보내고자 한다.

35년 동안 나라를 위해, 조국을 위해, 국민을 위한 봉사한 공직생활을 녹봉祿俸으로 보상 받았다. 보상받은 녹봉(월급봉투)을 받아 문학소년에서 첫 詩산문집 『불악산』을 2012년에 발표하고 12년만에 詩를 정리하면서 두 번째 월급봉투를 부끄러운 마음으로 내 놓는다. 내 자신에게 미안하고, 사랑하고, 고생했다고 전해주고 싶다. 그래, 잘했다.

25년 동안 한결같이 곁을 지켜준 사랑의 천사, 아들과 공주 그리고 35년 동안 함께 해준 선·후배 공직 동료에게 감사한 마음을 나의 주머니에서 낙엽 몇장을 바스락 거리며 월급봉투에 담아 함께 띄워 보냅니다.

2024년 11월을 보내며 꿈두레도서관에서
저자 **손 창 완**

월급봉투

손창완

월급봉투

손창완